"芬利·迈尔斯·达尔比" 童书系列之 《不沾桌筷子》

作者:迈克尔·S·乔伊纳

医学博士、手外科医生、发明家和作家

翻译:陆剑

快来见见我们的故事主人公芬利·迈尔斯·达尔比吧！

这就是小男孩芬利。芬利很想多了解一些他爸爸的事。芬利的爸爸妈妈离婚了，他现在由爸爸妈妈轮流抚养。芬利和爸爸相处的时间并不多，但他下定决心更好地了解爸爸，认识爸爸。在"芬利·迈尔斯·达尔比"系列中，芬利会和他的狗狗好朋友"小禅"和"小佛"一起分享他和爸爸相处的时光。每次见完爸爸后，芬利都会把精彩的故事和回忆整理并记录下来。

星期一早上到了，芬利快回妈妈家了。上个周末他是在爸爸家过的。每次去爸爸家，芬利都玩得很开心。每次爸爸都会教给芬利新知识。学会新知识的芬利总是很自豪，总会把新知识解释给好朋友"小禅"和"小佛"听。小禅是一只体型硕大的纽芬兰犬；小佛则是一只勇敢的法国斗牛犬。

小禅和小佛总是迫不及待地想从芬利那里学到新知识，它们都盼着芬利快点回家。星期一一早它们就在院子里等啊等啊。一瞧见远处芬利的身影，它们就急切地飞扑过去，哈哧哈哧伸出舌头，一是因为跑得太急直喘气，二是因为看见芬利实在太兴奋。

"芬利你终于回来了！"小佛叫出声来。

"见到你我们太高兴了！"小禅也叫出声来。

"谢谢你们！你们是世界上最棒的朋友！"

"就是！就是！"小禅和小佛异口同声地叫嚷，"你总是这么说。"

"快给我们讲讲你在爸爸家过的周末吧。"小禅一脸好奇地说。

"没问题，我们先进屋吧。我会把发生的所有事情都告诉你们。"他们一起走进屋子。屋里干干净净、整整齐齐，和每次芬利去爸爸家过周末回来时一样。小禅和小佛是最优秀的室友，就像亲兄弟一样相亲相爱。它们总在餐桌边一起吃饭（有时也会跳到餐桌上）。每顿饭后，它们都会收拾干净，清洗锅碗瓢盆，做好清洁整理工作。平时，它们还会吸尘、拖地、掸灰，做其他家务让屋子保持整洁。所以不止它们见到芬利回家很高兴，对芬利来说，回到一尘不染的家也是一件很开心的事情。

小佛给大家倒了一杯茶, 大家舒服地坐在壁炉前。芬利开始讲述他在爸爸家里的经历。

"你们也知道, 每次我都很期待去爸爸家。理由很简单, 爸爸很疼我。他的爱不仅仅是口头上的, 更体现在实际行动上。他对我关怀备至, 教我如何应对日常生活中的各种状况, 如何选择自己的人生目标, 如何取得成功。"

"噢, 没错, 你爸爸是世界上最棒的爸爸!"小禅乐滋滋地说。

"你说得对!"芬利赞同。

"那你这次有什么新发现?"小禅兴冲冲地追问。

"啊哈, 你们肯定会喜欢的!"芬利洋洋自得地说。

"快告诉我们!快告诉我们!"小禅和小佛急巴巴地央求芬利。

"没问题，小伙伴们！我马上告诉你们。你们先坐下来放松一下……话说，我周末一到爸爸家就发现他已经做好了午饭。他邀请我和他一起共进午餐呢。你们猜猜他准备了什么？"

"什么？"

"他准备了我的最爱——寿司！"

"哦，真的吗？"小佛惊叫，"寿司什么时候成了你最喜欢吃的东西啦？"

"小佛，难道你不记得了吗？就是我们去街角那家饭店的时候呀！"

"哦，对，对，对，我想起来了。对不起，狗狗的记忆有时候不太灵光，呵呵。"

"没关系，小佛。"芬利继续说，"刚刚说到哪里…哦，爸爸准备了寿司午餐，我真是太激动了，恨不得一口塞进嘴里。"

"不过, 这次桌上还有别的东西。它们叫什么来着……

……这个词就在我嘴边, 就是一下子想不起来了……

哦, 对了, 它们叫做'不沾桌筷子'。"

"不沾桌筷子?我从没听说过。你呢, 小禅?"

"和你一样, 小佛, 我也没听说过呢。"

"它们到底是什么呀?"小禅问道。

"嗯, 这就是父亲教我的。他说'不沾桌筷子'是为了

防止筷子沾上桌面的细菌而发明出来的一种新型

巧妙的筷子。有了'不沾桌筷子'就不需要筷托啦!"

"哇哦, 听起来可太酷了!"小禅惊叫。

"对啊!我也这么觉得!我感到很幸运, 爸爸能教我

怎么用'不沾桌筷子'。"

"哦, 这就是每次故事最让我着迷的地方!"小佛兴

高采烈地说。

就这样, 芬利开始给小禅和小佛解释著名的"不沾桌筷子"是怎么用的。"爸爸告诉我, 首先我们得了解筷子是什么。据称筷子诞生于古代中国, 大约在商朝(公元前1766年-1122年)或是夏朝(公元前9000年)的时候就已经出现了。它们和刀叉一样作为一种进食的餐具。筷子虽然看起来很难用, 但其实用处很大哦。"

"嗯, 又是历史小知识!"

"我们知道啦!"小佛说。

"我们喜欢历史小知识!"小禅不甘落后。

"是啊, 历史能帮助我们理解一件物品是怎么诞生的。"芬利又说。

"没错!历史告诉我们如何正确使用物品。"小佛表示赞同。

"好吧，现在我就给你们演示一下怎么用筷子。

"太好啦！"

"爸爸说在我们的文化中，人们相信只有普通快餐店或外卖店才会用筷子。不过在日本，高档餐厅也会用筷子用餐而且有一套礼仪规范。"

"后来，爸爸拿起筷子给我演示了使用方法。'首先，你得用右手拇指和食指夹住筷子。'就这样，我用右手拇指和食指夹住了筷子，不过很显然我的握法不对，因为爸爸又说：'不要竖着握住筷子。'"

"一开始真的很难，不过经过多次尝试后，最后我终于握对了。"

"现在我知道怎么用筷子喽！当然，我还需要掌握更多技巧，万一去那种供应传统菜肴的餐厅不得不用筷子的话，我也能应付自如啦！"

" '用餐时, 把不太用到的那只手托在筷子下面, 接住可能掉落的食物。传统上筷尖朝用餐人的左边放置。如果你是左撇子, 当然也可以反过来。' 爸爸后来补充。"

"爸爸察觉到我因为不知道怎么用筷子有点被吓到了, 他又鼓励我, 给我打气: '别被筷子吓到啦! 去餐厅前, 在家勤加练习就能建立信心。而且, WikiHow有如何用筷子的详细图文教学资料可以参考。' 听了爸爸的建议, 我倍受鼓舞。现在开始我要在家多多练习, 直到能够正确熟练地使用筷子。"

"哇噢, 芬利, 这简直帅呆了!"小佛惊叹不已, "你爸爸只教了你这些吗?"

"哦, 天哪, 小佛! 实际上这只是'不沾桌筷子'的开头呢。"

"好吧, 我就喜欢这样的故事。请往下说吧。"

"教我怎么握筷子后, 爸爸又解释了一些用筷子要遵守的礼仪规范, 特别是在日式餐厅用餐时。"

"要用恰当的方式夹取和传递食物, 不能用筷子戳扎食物。传递食物时要把食物先转移到对方的盘子上, 不能用筷子直接夹给别人。不能把筷子插在米饭上或者交叉放置, 这和上面人与人之间用筷子传递食物一样, 会让日本人联想到丧葬习俗。"

"对我来说这一点很有趣也很重要, 因为我正想用筷子戳面前的寿司呢。"芬利不好意思地说,"你们觉得筷子怎么样?"

"筷子太好玩了!这种'不沾桌筷子'更是超级棒!"小禅惊叹。

"双手双脚赞同!这个发明设计太有创意了, 简直让人眼前一亮!"小佛表示完全同意。

"现在你们有什么问题吗?"芬利问他的好朋友。

"嗯, 我有一个问题。"小佛问道, "到目前为止, 你解释了吃饭时怎么用筷子吃东西。我想知道筷子只能用来吃固体食物吗?能用筷子喝汤吗?"

"这真是个好问题, 小佛。"芬利表扬小佛。

"你能给我举一个好玩的例子吗?"

"哈哈, 我也问了爸爸同样的问题呢。"

"真的吗?那答案是什么?"

爸爸的回答是:你能用筷子帮助你喝汤。在日本文化中, 唏哩呼噜地大声喝汤是完全没问题的, 这表示汤味道很好。可以用勺子舀汤, 用'不沾桌'筷子吃面条和其他固体食物。

"这个主意太妙了!我从没想过还能用'不沾桌'筷子来喝汤呢!"

"哇!妙极了!"小佛惊呼。

"真的很棒对不对?筷子我以前是瞧见过,不过这种'不沾桌'筷子还是第一次看见呢!原来用筷子还有这么多讲究和规矩。"芬利补充道,"多学点,万一用得着呢。"

"要是哪天我们去高档日式餐厅用餐,所有这些信息都是很有用、很必要的。"小禅表示同意,"还有什么需要注意的吗?"

"嗯,我们已经掌握了如何使用'不沾桌筷子'的基础知识,还有其他几个要点需要注意。吃饭时千万不能冒犯别人。用筷子敲桌子或移动碗碟都是非常不礼貌的行为。不能拿'不沾桌'筷子指向别人,不能在公碗里指来指去、翻来翻去,也不能用筷子在汤里搅来搅去噢。"

"要是我对饭店的筷子不放心呢?"小禅又问。

"那样的话, 你就用自带的'不沾桌'筷子吧。现在很多高级餐厅都允许自带筷子的。"芬利解释。

"噢, 懂了。"小禅说。

"我明白你的意思, 小禅, 你是不是信不过餐馆的筷子?别人用过的筷子上可能携带大量细菌, 这就是'不沾桌'筷子的高明之处, 一体式筷托设计, 能防止筷尖接触到细菌, 而且握感舒适。我爸爸只用'不沾桌'筷子哦。"

"噢，我明白了。'不沾桌'筷子选用安全耐用，可反复用洗碗机洗涤的材料制成的。"小佛又说。

"你说得没错，小佛！'不沾桌筷子'不是一次性的，它们结实耐洗，可重复使用。要是不想接触细菌，防止病从口入，又想缓减普通筷子引起的手部压力，最好使用'不沾桌'筷子噢。"

"哇哦，'不沾桌' 筷子太高级太有用了！"小禅啧啧称赞。

"你说得完全正确，小禅！用 '不沾桌' 筷子吃饭味道呱呱叫！好吧，这就是周末我在爸爸家发生的故事。我学到了好多关于 '不沾桌' 筷子的宝贵知识。你们呢？"

"我们也是！我学到了好多新知识，现在我就想用 '不沾桌' 筷子啦！"小佛跃跃欲试。

"我也想！现在我就要去练习用筷子喽！"说完，小禅一溜烟跑开了。

"等等我们！"小佛和芬利赶忙追上小禅。三个小伙伴要一起练习用 '不沾桌' 筷子啦！

—完—